WELCOME

ERASER

DRAW HERE...

DRAW HERE...

DRAW HERE...

DRAW HERE...

DRAW HERE...

DRAW HERE...

DRAW HERE...

DRAW HERE...

DRAW HERE...

DRAW HERE...

DRAW HERE...

DRAW HERE...

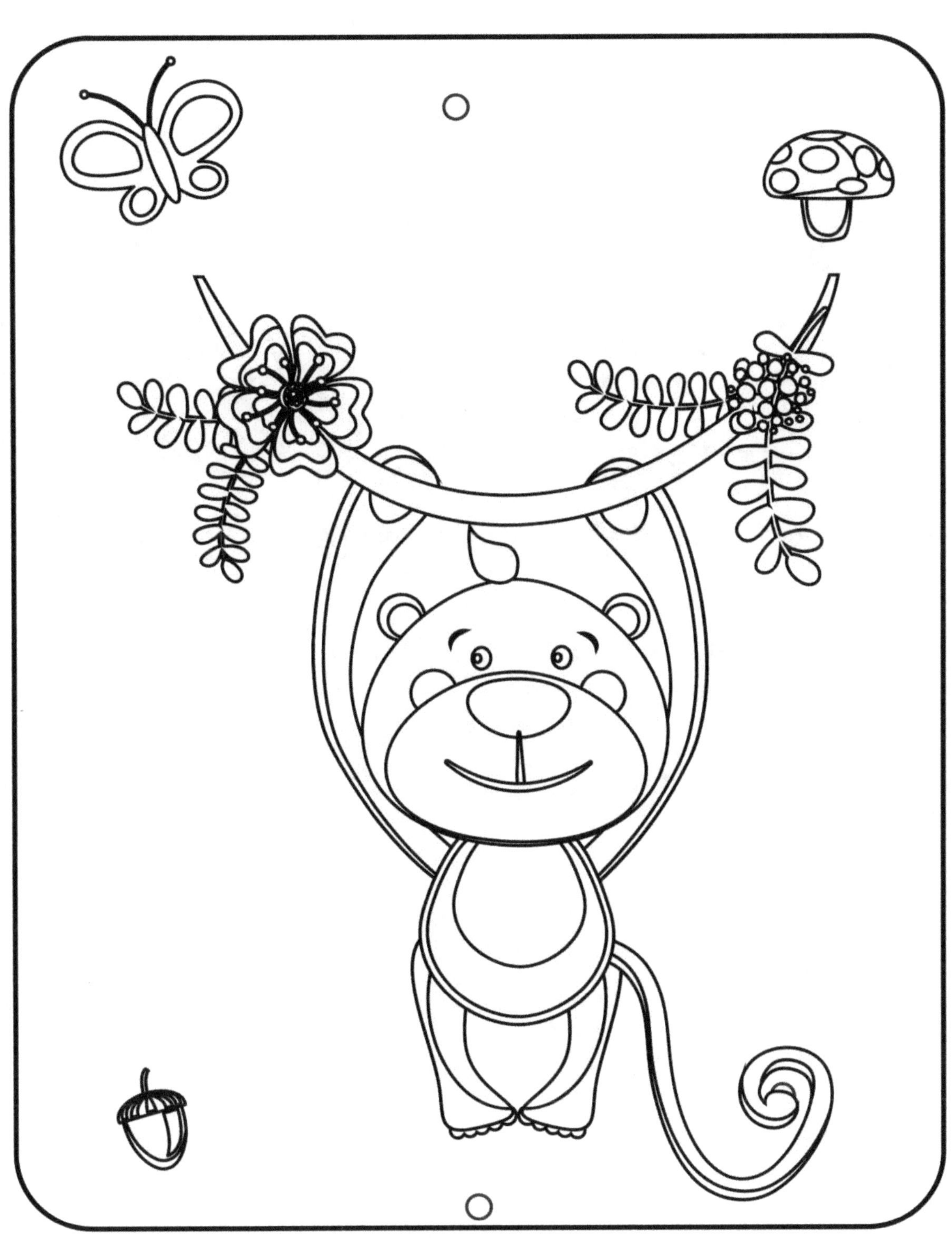

DRAW HERE...

DRAW HERE...

DRAW HERE...

DRAW HERE...

DRAW HERE...

DRAW HERE...

DRAW HERE...

DRAW HERE...